SONG THEATER

おり紙歌あそび
ソングシアター
紙1枚で楽しむ童謡&わらべ歌

藤原邦恭

コピーして使える型紙付！

いかだ社

はじめに

みんなが知ってる童謡でつづる
おり紙歌あそび ソングシアター

イラストが描かれた紙に、
単純な折り、あるいは簡単な工作をほどこします。
これで準備は完了です。
あとは心温まる童謡に合わせて展開していくだけ…。
さあ、シアターショーの開演です。

リズムに乗って心地よく紙の折りを変えていくと、
おなじみの歌詞にともない、
イラストがおもしろく楽しく、"意外"に移り変わっていきます。

例えば「ゾウさん、お鼻が長いのね♪」と歌えば
愛らしいゾウの鼻が伸びたり縮んだり。
「母さんも、長いのよ♪」と歌えば
紙が全面広げられ、母さんゾウが現れます。
そこには伸び縮みした鼻の仕掛けは見あたらず、
かわいらしい親子ゾウが描かれているだけです。

みんなで歌いながら元気よく、
時にはBGMを流しながらしっとりと、
小さな夢の世界が繰り広げられます。

曲によって30秒、または10秒で終わるものもあります。
しかし、みんなの心をつかむのにはそれで充分。
初めてなのに、童謡のおかげで懐かしく親しみを感じるのです。
ワクワクドキドキ、そして心がなごむ、
おそらく世界最短のシアターショー。

それが「おり紙歌あそび ソングシアター」です。

藤原邦恭

目次

はじめに 2

本書の使い方と楽しみ方 4

		本文	型紙
1	心にひびくシンプルシアター　**はるがきた**	5	73
2	意外なラストのマジカルシアター　**ちょうちょう**	7	74
3	みんな仲良くハートフルシアター　**おおきなくりのきのしたで**	10	75
4	笑いをさそうスマイルシアター　**かえるのがっしょう**	13	76
5	親子の絆ほのぼのシアター　**あめふり**	15	77
6	日本の文化まじめシアター　**こいのぼり**	19	78
7	15秒で語るショートシアター　**うらしまたろう**	23	79
8	2番まで歌えるロングシアター　**きんたろう**	26	80
9	展開の多さが魅力のデンデンシアター　**かたつむり**	29	81
10	待ち遠しい！わくわくシアター　**おしょうがつ**	33	82
11	春を演出おゆうぎシアター　**めだかのがっこう**	37	83
12	気持ちが1つにノリノリシアター　**むすんでひらいて**	39	84
13	予想外のにぎやかシアター　**おもちゃのちゃちゃちゃ**	44	85
14	見事な変化びっくりシアター　**メリーさんのひつじ**	48	86
15	不思議たっぷりイリュージョンシアター　**はと**	52	87
16	かわいい、まぼろしシアター　**ぞうさん**	57	88・95
17	しっとり＆どっきりシアター　**あかとんぼ**	60	89・95
18	切れ味ばつぐんビジュアルシアター　**あがりめさがりめ**	63	90・91
19	予測不能の3コマシアター　**きんぎょのひるね**	66	92・93
20	大好きふわふわシアター　**しゃぼんだま**	69	94

あとがき 95

本書の使い方と楽しみ方

①どれから始める？
　どの作品から進めても構いませんが、比較的やさしいものから載せてありますので、最初の方から始めてみるといいでしょう。

②何ができるの？
　作品のタイトルは、みなさんがよく知っている童謡のタイトルになっています。その下には、この作品はどんな展開をするのか、何ができるのかを簡単に書いてあります。
　そこをご覧になり、概要をつかんでから始めるといいでしょう。

③型紙をコピーする
　必要な型紙と折り方が「折り方・演技の準備」に書いてあります。
　型紙を四角い枠とその余白ごと原寸でコピーします。

④色を塗る
　お好みに応じて、色鉛筆、サインペン、絵の具などで色を塗ってみましょう（色づけした後に拡大コピーした方が楽です）。
　作品によっては版画のように白黒でもいいと思います。

⑤余白を切り取る
　余白の四角い枠を切り取ります。

⑥大きく拡大コピーする
　必要な大きさにカラー拡大コピーします。
　参考までに各サイズに拡大する時の倍率を記しておきます。
　　・A4サイズに……133％拡大　・B4サイズに……163％拡大
　　・A3サイズに……188％拡大

⑦型紙を折って完成させる
　「折り方・演技の準備」にしたがって型紙を折ります。
　作品によっては簡単な工作も行います。

⑧演じ方
　「見せ方・遊び方」にしたがって練習します。
　童謡の歌詞も書かれていますので、歌いながら繰り返しましょう。

⑨ワンランクアップの楽しみ方
　演技上のポイントや応用・発展などは「上手さUP」「楽しさUP」に書いてありますので参考にして下さい。

1 はるがきた

心にひびくシンプルシアター

歌に合わせて風景が広がっていきます。
まさに春のような暖かさを伝えます。

作詞　高野辰之　作曲　岡野貞一

はるがきた　はるがきた　どこにきた
やまにきた　さとにきた　のにもきた

折り方・演技の準備　型紙73ページ

①手前の横線から折り上げていきます。

②

③

④

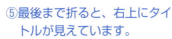

⑤最後まで折ると、右上にタイトルが見えています。

見せ方・遊び方

1 ♪はるがきた　はるがきた
図のように持ってスタートします。

2 ♪どこにきた
紙を1回、下に開きます。

3 ♪やまにきた
もう1回開きます。山が現れました。

4 ♪さとにきた
まもなく続けて、もう1回開きます。

5 ♪のにもきた
最後は歌詞に合わせて、ゆっくりと開きます。

楽しさUP

● 用紙の裏面に、入学やお祝い事のメッセージを書いて、最後にそれを見せるように演技すれば、春にぴったりの祝辞になります。
たとえば「○○さん、ご入学おめでとう」を1番上の段に書き、残りの下の4段には大きく「祝」を書いておきましょう。

2 ちょうちょう

意外なラストのマジカルシアター

歌に合わせて、4つの場面が展開します。そして最後はたくさんのちょうが舞い、何とも不思議な世界が広がります。

作詞 野村秋足　スペイン民謡

ちょうちょうちょうちょうなのはに とまれ なのはに あいたら さくらに とまれ

さくらの はなの はなから はなへ とまれよ あそべ あそべよ とまれ

ちょうちょう

折り方・演技の準備　型紙74ページ

① 中央の縦線から折り始めます。

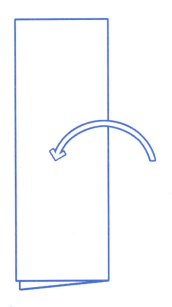

②

③横に開くように、もう1つの縦線を折り返します。

④上の横線にそって、裏側に折ります。

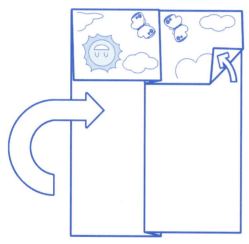

⑤全体を横に裏返し、角を折ります。

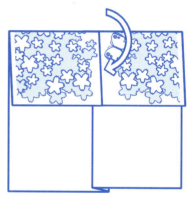

⑥横線にそって手前に折ります。

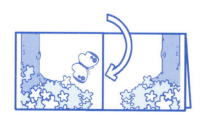

⑦もう1回、手前に折ります。

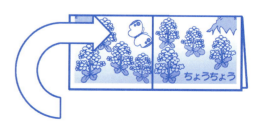

⑧タイトルが見えるように表に返します。

見せ方・遊び方

♪ちょうちょう ちょうちょう
　なのはにとまれ　なのはにあいたら

1 このように持って絵をよく見せます。

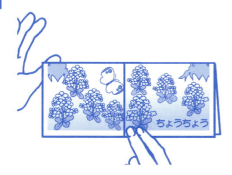

♪はなからはなへ　とまれよ

3 もう1段開きます。

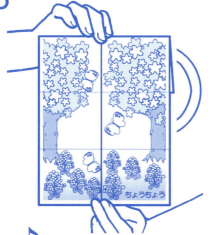

♪とまれ

5 斜めの方向に引っぱって、全体を一気に開きます。

わー、ちょうさんがふえたー！

♪さくらにとまれ　さくらのはなの

2 上に1段開きます。

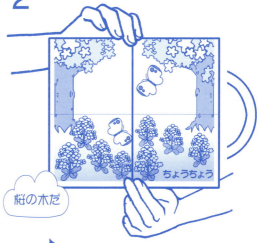

桜の木だ

♪あそべ　あそべよ

4 次に全体を開く準備です。右手で角の部分をつまみます。

【手前から見た図】

上手さUP

- 最後がきれいに広がるように、あらかじめ両方向に折りぐせをつけておきましょう。
- 紙全体をちょうが舞うよう緩やかに動かしながら行ってもいいですね。
- 増えたちょうをはっきり見せるために、最後は、ピタリと動きを止めましょう。

ちょうちょう

3 おおきなくりのきのしたで

みんな仲良くハートフルシアター

栗の木が一瞬で大きくなります。
お友だちが現れ、最後に動物たちも現れます。

作詞・作曲者不詳

おおきなくりの きのしたで あなーた と わたし
たの しく あそびましょう おおきな くりの きのしたで

折り方・演技の準備 型紙75ページ

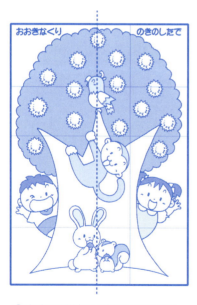

①中央の縦線から折り始めます。

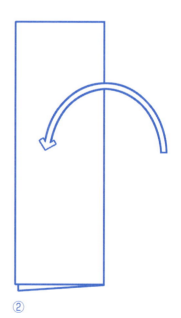

②

③横に開くように、もう1つの縦線を折り返します。

⑤中央の横線を裏側へ折ります。

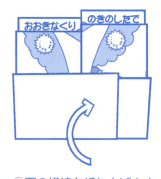

⑥下の横線を折り上げます。

④上の横線を手前に折ります。

おおきなくりのきのしたで

見せ方・遊び方

1 ♪おおきなくりの
このように持ってスタートします。

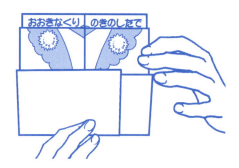

2 ♪きのしたで
紙を上に伸ばします(すぐに元に戻します)。

おや、栗の木かな?

3 ♪あなたとわたし たのしく
紙を下に開きます。

わー、2人いたぞ

4 ♪あそびましょう おおきなくりの
再び紙を上に伸ばします。

5 ♪きのしたで
斜め横に開いて全体を見せます。

わー、大きくなった!動物さんも、いっぱい

上手さUP
● リズムのある歌なので、紙の動きと合わせるように練習しましょう。

おおきなくりのきのしたで

4 笑いをさそうスマイルシアター
かえるのがっしょう

カエルが1匹、次々増えて最後は合唱団に！
みんなで歌って、思わず笑みがこぼれます。

作詞　岡本敏明　ドイツ民謡

折り方・演技の準備　型紙76ページ

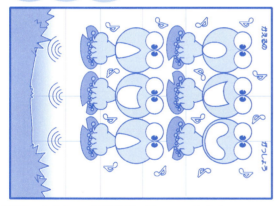

①図のように、ジグザグに折っていきます。

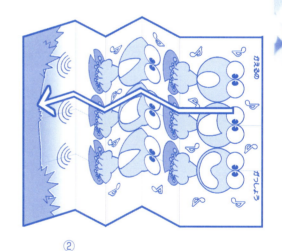

②

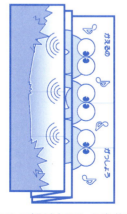

③カエルの顔が水面から半分ほど出た絵になります。

④残りの線も交互に折ります。

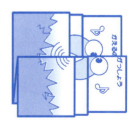

⑤1匹のカエルになりました。

見せ方・遊び方

♪ かえるのうたが きこえてくるよ

1 このように持ってスタートします。

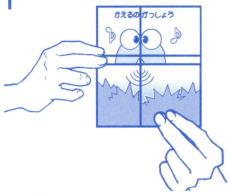

♪ クワッ クワッ クワッ クワッ

2 横に開いて3匹を見せます。

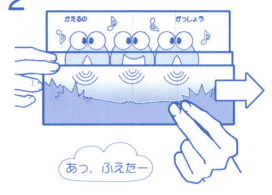

あっ、ふえたー

♪ ケケケケ ケケケケ クワッ

3 歌に合わせて左右に開いたり閉じたりします。

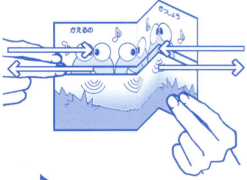

♪ クワッ

4 斜めに引っぱり、1段開きます。段差があるので、図の部分だけを開けると思います。

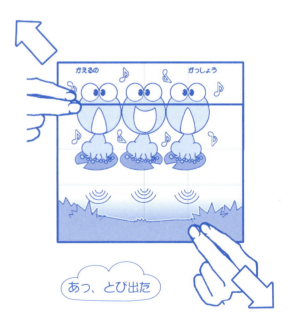

あっ、とび出た

♪ クワッ

5 最後にさらに引っぱって全体を開きます。

あはは、いっぱいだー

楽しさUP

- テンポがあって短い歌なので、途中で動きを迷わないようにしましょう。
- 立て続けにカエルが増える部分は、「クワッ」の歌詞と動きがぴったり合うと効果的です。

かえるのがっしょう

5 あめふり

親子の絆ほのぼのシアター

小さい傘、中くらいの傘、大きな傘…、歌に合わせて次々に傘が開きます。微笑ましい親子の姿に思わず心がなごみます。

作詞　北原白秋　作曲　中山晋平

あめあめ ふれふれ かあさんが
じゃのめで おむかい うれしいな
ピッチ ピッチ チャップ チャップ ラン ラン ラン

折り方・演技の準備　型紙77ページ

あめふり

①上の横線から裏側に折ります。

②1番上の傘が見えなくなりました。

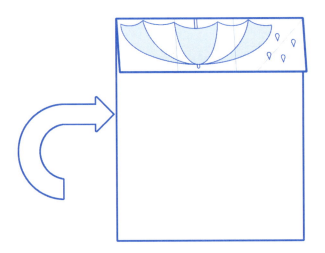

③全体を横に裏返します。

④左の縦線を折ります。

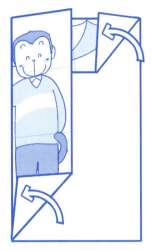
⑤両角を折ります。

⑥もう1本の縦線を折ります。

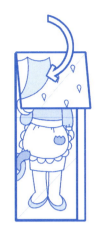
⑦上の横線を手前に折ります。

⑧ここで2つの角を折ります。

⑨もう1本の横線を手前に折ります。

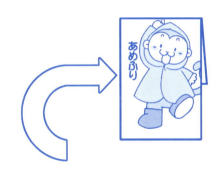
⑩全体を横に裏返します。

あめふり

見せ方・遊び方

♪**あめあめ**

1 このように持ってスタートします。

♪**ふれふれ　かあさんが**

2 手前に折られた紙を開きます。

カサだー

♪**じゃのめで　おむかい**

3 次の開きに備えて三角に折られた部分をつまみます。

♪**うれしいな**

4 斜めに引っぱり、広げます。

【手前から見た図】

お母さんだー

上手さUP

- 傘をさすように、紙もパッパッと広がるといいですね。
- 3、5の持ち方に余裕をもって演じましょう。
- ゆっくりめに歌うのもコツですね。

♪**ピッチピッチ　チャップチャップ　ランラン**

5 最後の開きに備えて三角に折られた部分をつまみます。

♪**ラン**

6 斜めに引っぱり、全体を広げます。

【手前から見た図】

わー、お父さんだー

あめふり

6 日本の文化まじめシアター
こいのぼり

次から次に鯉が現れ、歌の最後は圧巻です！
最近見かけなくなった鯉のぼりですが、日本の昔の遊びや暮らし、家族について話をするのはいかがでしょう。

作詞　近藤宮子　作曲者不詳

やねより たかい こいのぼーり
おおきな まごいは おとうさん
ちいさい ひごいは こどもたーち
おもしろ そうに およいでる

折り方・演技の準備　型紙78ページ

こいのぼり

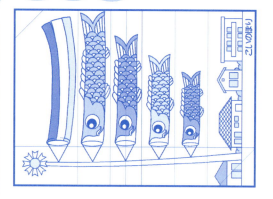

①2つの角を折ります。

②（ここで折らずに、⑥の次でも構いません。）

③2番目のお母さん鯉がかくれるように、ジグザグに折ります。

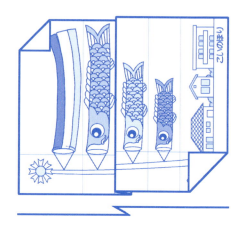

④お父さん鯉と子どもの鯉の3匹になりました。

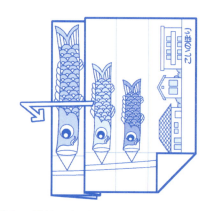

⑤左の縦線を裏側に折ります。

⑥下の横線を棒がかくれるように裏側に折ります。

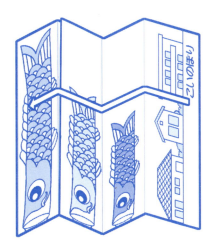 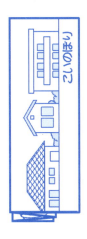

⑦残りの線をジグザグに折ります。　⑧家の絵だけになりました。

こいのぼり

見せ方・遊び方

♪やねより たかい こいのぼり

1 このように持ってスタートします。

♪おおきなまごいは おとうさん

2 手前に折られたお父さん鯉を上に開きます。

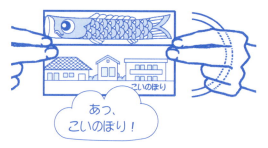

あっ、こいのぼり！

♪ちいさい ひごいはこどもたち

3 上に引っぱり、開きます。

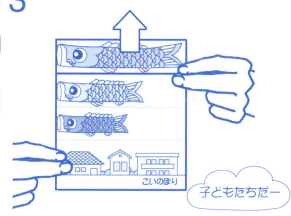

子どもたちだー

4 最後に備えて三角に折られた部分をつまみます。

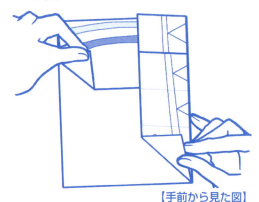

【手前から見た図】

♪おもしろそうに およいでる

5 斜めに引っぱり、全体を広げます。

上手さUP

● 最後が決まると印象もいいです。きれいに開くように練習しましょう。

楽しさUP

● A3用紙ぐらいの大きな紙で演じてみましょう。
● 紙を広げた後に、鯉のぼりが風にたなびいているように、紙を動かしてみましょう。

わー、全部そろったー

7 うらしまたろう

15秒で語るショートシアター

浦島太郎が竜宮城へ旅する不思議な昔話を楽しみましょう。
乙姫様の顔の部分に誰かの顔のシールを貼って演じるのも
楽しいですね。

作詞・作曲者不詳

むかし むかし うらしまは　たすけた かめに つれられて
りゅうぐう じょうへ きて みれば　えーにも かけない うつくしさ

うらしまたろう

折り方と工作・演技の準備　型紙79ページ

＊簡単な切り込みを入れます。カッターと下に敷くマットを用意して下さい。
　切り込み工作をすると、最後の竜宮城が広がった時の効果が多少よくなります。

うらしまたろう

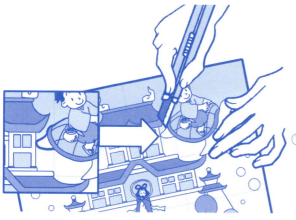

①型紙の図の部分に、輪郭（亀の後ろ足、お尻部分）にそって切り込みを入れます。

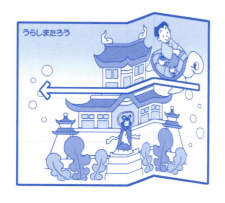

②縦線にそってジグザグに折ります。

③切り込みを入れた部分は折らないでおきます。

④手前から折り上げていきます。

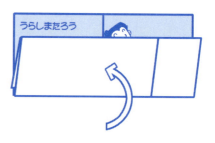

⑤もう1度折り上げ、亀が見えなくなりました。

見せ方・遊び方

1 ♪ むかしむかし　うらしまは
このように持ってスタートします。

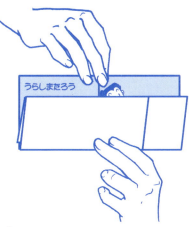

2 ♪ たすけたかめにつれられて
前面の紙を1回、下に開きます。

カメさんだー

3 ♪ りゅうぐうじょうへきてみれば
もう1回、下に開きます。

あっ何かな？

4 ♪ えにもかけないうつくしさ
全体を左右に開きます。

わー大きくなった！
りゅうぐうじょうだ

うらしまたろう

楽しさUP

- 切り込みを入れている場合、お魚の絵を別に作り、そこ（亀の後ろ足）に貼り付けてみましょう。動きがでて、もっと楽しくなりますよ。
- お誕生日の人の顔のシールを貼って、プレゼントといっしょに演じてみるのもいいですね。

8 2番まで歌えるロングシアター
きんたろう

金太郎が歌の通りに、勇姿を見せるよ！
この演技の前あるいは後に、「金太郎」のお話や絵本を紹介してみてはいかがでしょう。より興味を持ってくれるでしょう。

作詞　石原和三郎　作曲　田村虎蔵

1. まさかりかついで　きんたろう
　　くーまにまたがり　おうまのけいこ
　　ハイ　シ　ドウ　ドウ　ハイ　ドウ　ドウ　ハイ　シ　ドウ　ドウ　ハイ　ドウ　ドウ
2. あしがらやーまの　やまおくで
　　けだものあつめて　すもうのけいこ
　　ハッ　ケ　ヨイ　ヨイ　ハッ　ノ　コッ　タ　ハッ　ケ　ヨイ　ヨイ　ハッ　ノ　コッ　タ

折り方・演技の準備 型紙80ページ

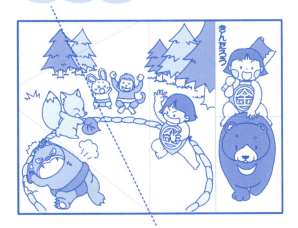

①図のように、斜めに大きく折ります。

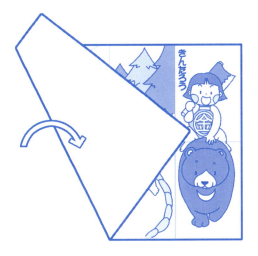

②

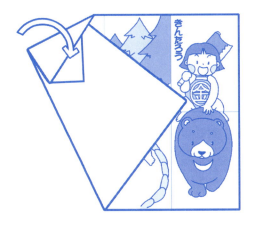

③左上の部分を小さく斜めに折ります。

④①で斜め折りした部分を左に折り返します。

⑤残りの縦線をジグザグに折ります。

⑥

⑦横線を裏側に折り、ほぼ金太郎だけが見えるようにします。

見せ方・遊び方

1 ♪まさかりかついで　きんたろう
このように持ってスタートします。

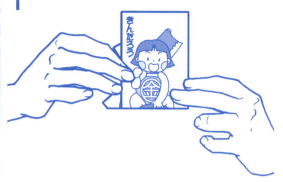

2 ♪くまにまたがり　おうまのけいこ
紙を縦に開き、クマの絵を現します。

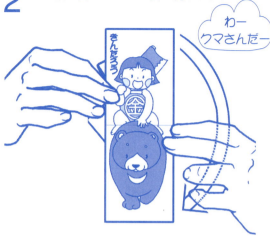

わー
クマさんだー

3 ♪ハイシドウドウ　ハイドウドウ
　　ハイシドウドウ　ハイドウドウ
歌詞に合わせて左右に振り、リズムを取ります。

4 ♪あしがらやまの　やまおくで
　　けだものあつめて　すもうのけいこ
ここから2番の歌詞です。図のように開きます。

おすもう
してる！

5 ♪ハッケヨイヨイ　ノコッタ
　　ハッケヨイヨイ　ノコッタ
適当なタイミングで右手の持っている部分を引っぱります。

わー、
きんたろうさんの勝ち！

上手さUP
● 歌詞のわりに展開が少ないので、動きを加えて時間を取るようにしましょう。

きんたろう

9 かたつむり

展開の多さが魅力のデンデンシアター

カタツムリが2匹に増えて、頭を出すよ。
ちょっと不思議なアニメーションのようなおもしろさ。
2つ折りにして使うので、大きめの紙で作るといいですね。

作詞・作曲者不詳

折り方・演技の準備　型紙81ページ

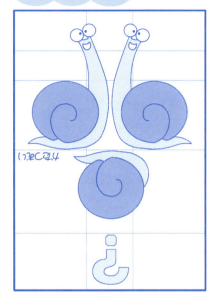

①中央の横線を半分に折ります。

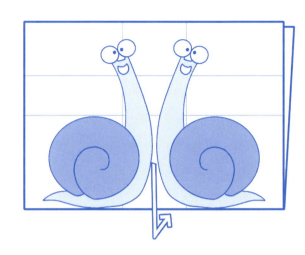

②カタツムリの首にある横線をジグザグに折ります。

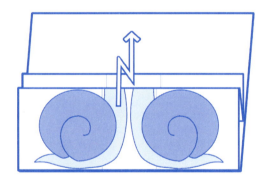

③頭が見えなくなりました。

④図のように下の紙を手前に折ります。

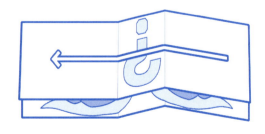

⑤縦線をジグザグに折ります。

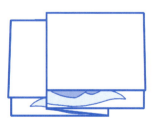

⑥「？」の部分が見えなくなりました。

見せ方・遊び方

♪ でんでんむしむし
1 このように持ってスタートします。

♪ かたつむり
2 横に伸ばしてカタツムリを見せます。

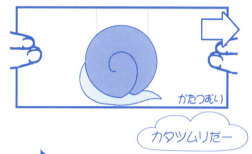

カタツムリだー

♪ おまえのあたまは　どこにある
3 手前に折られた紙を伸ばします。

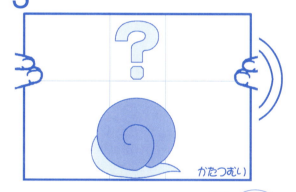

頭が出てないねー

♪ つのだせ
4 右の線にそって右手で相手側に閉じるように折ります。

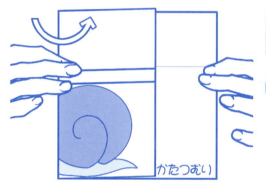

♪ やりだせ
5 線にそって左手で手前に閉じるように折ります。

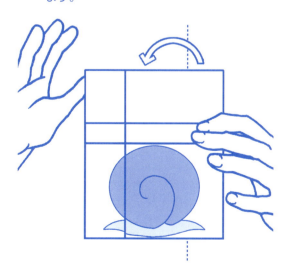

6 図の角の部分を押さえるために、親指を入れます。

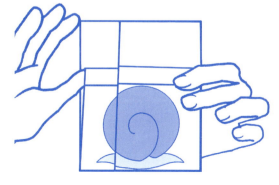

かたつむり

7 角の部分を広くつまみます。

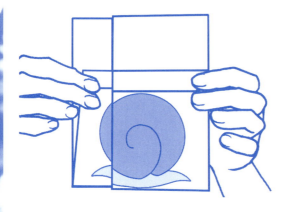

上手さUP

- ●最後のカタツムリが増えて、頭を出す所をパッパッと展開できるといいですね。それには6、7の持ち方を余裕を持って行う事が大切です。
- ●その他、すみやかに動かしていくためにも、よく使う折りの部分は、両方向に折りぐせをつけておきましょう。

♪**あたま**

8 左右に伸ばします。カタツムリが2匹に増えました。

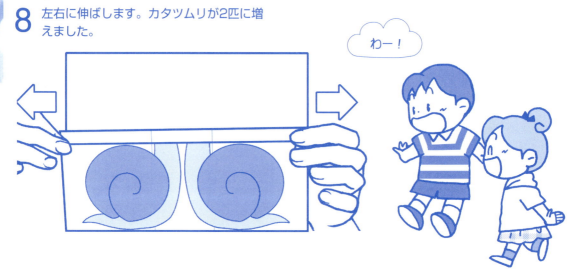

わー！

♪**だせ**

9 続けて斜め横に引っぱり、頭が出たカタツムリ全体を見せます。

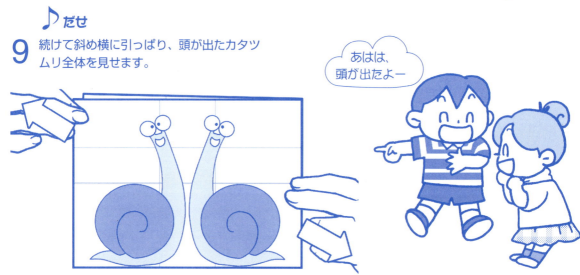

あはは、頭が出たよー

10 おしょうがつ

待ち遠しい！わくわくシアター

歌の通りに展開し、最後は獅子舞がメッセージをくわえて現れます。楽しいお正月をより楽しく表現します。

作詞　東くめ　作曲　滝廉太郎

もう いくつ ねると おしょうがつ
おしょうがつには たこあげて こまをーまわして あそびましょう
はやくー こいこい おしょうがつ

折り方・演技の準備　型紙82ページ

おしょうがつ

①中央にある横線を裏側に折ります。

②「新年おめでとう」の部分を線にそってジグザグに折ります。

③獅子の顔が見えなくなりました。

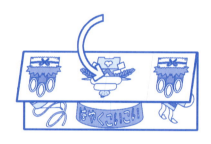

④下の紙を手前に折ります。

⑤図のようにジグザグに折ります。

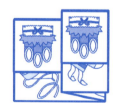

⑥鏡餅の部分が見えなくなりました。

⑦真ん中の折りを戻しておきます。

見せ方・遊び方

♪ **もう**

1 このように持ってスタートします。

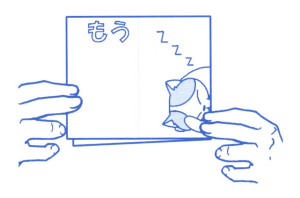

♪ **いくつねると**

2 横に伸ばして絵を見せます。

ネコがねてるー

♪ **おしょうがつ　おしょうがつには**

3 手前に折られた紙を伸ばします。

おもち食べたいな

♪ **たこあげて**

4 右の線にそって右手で相手側に閉じるように折ります。凧が現れました。

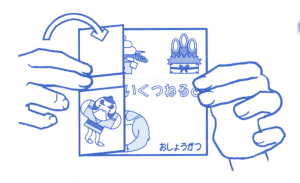

♪ **こまをまわして**

5 線にそって左手で手前に閉じるように折ります。コマが現れました。

コマだ

♪ **あそびましょう**

6 図の角の部分を押さえるために、親指を入れます。

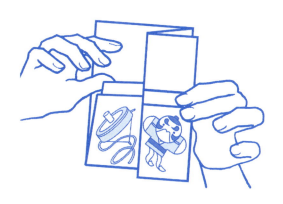

おしょうがつ

7 角の部分を広くつまみます。

♪はやくこいこい
8 左右に伸ばします。

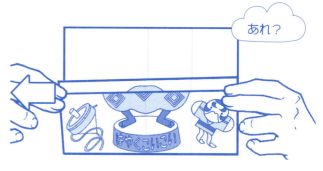

♪おしょうがつ
9 続けて斜め横に引っぱり、獅子舞とメッセージを現します。

楽しさUP

- 「おめでとう」のメッセージの折り込みの部分に小さく切った紙切れを忍ばせておきます。最後にメッセージと共に紙吹雪が舞い、華やかになります。たくさんは入らないので量に気をつけて下さい。

11 春を演出おゆうぎシアター
めだかのがっこう

お友だちが1人、2人と現れて、川にはたくさんの
めだかが泳いでいます。
穏やかな春の様子、自然とのふれあいを現します。

作詞　茶木滋　作曲　中田喜直

めだかのがっこうはかわのなか
そーっとのぞいてみてごらん　そーっとのぞいて
みてごらん　みんなでおゆうぎしているよ

折り方・演技の準備　型紙83ページ

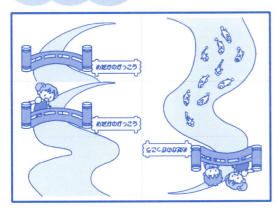

①図の向きに置きます。

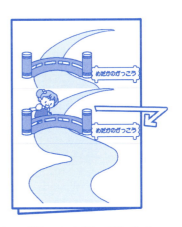

②真ん中の縦線から裏側に折ります。ここはも
う開きません。
（このままでも構いませんが、内側の角をのり
か両面テープで貼り付けるといいです。）

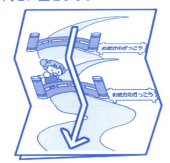

③図のようにジグザグに折ります。

④図のようになります。

見せ方・遊び方

1 ♪めだかのがっこうは かわのなか
このように持ってスタートします。

2 ♪そっとのぞいて みてごらん
相手側の紙を上に開きます。1人現れました。

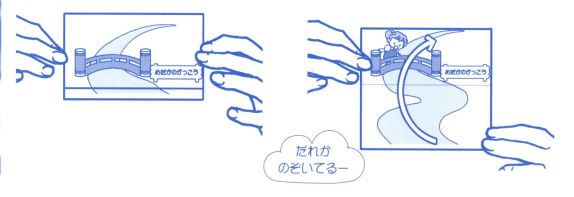

だれか
のぞいてるー

3 ♪そっとのぞいて みてごらん
下の部分を上に折ります。2人になりました。

4 ♪みんなで おゆうぎ しているよ
そのまま上下に引っぱり、全体を開きます。めだかが現れます。

1人、ふえたよ

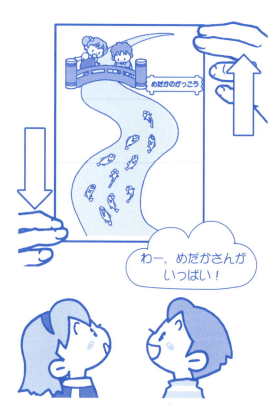

わー、めだかさんが
いっぱい！

楽しさUP

- 歌もゆっくりなので演技しやすいと思います。見せるだけでなく、子どもたちと作り一緒に行うのに適しています。
- めだかの出現だけでなく、川の両岸に草花や他のお友だちなどを描くのも楽

12 気持ちが1つにノリノリシアター
むすんでひらいて

おなじみの手遊びがこんなに新鮮！
歌の通りに絵が展開し、最後に「おわり」のメッセージが現れます。
最後のメッセージを「おめでとう」にかえたり、文字に限らず
花束・プレゼントの箱・動物などの絵にしても楽しいですね。

作詞者不詳　作曲　ルソー

むすんでひらいて

折り方・演技の準備 型紙84ページ

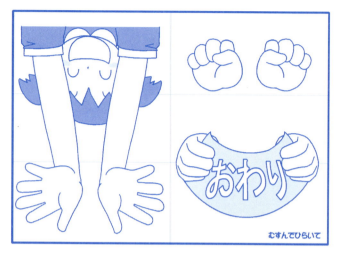

①図の向きに置きます。

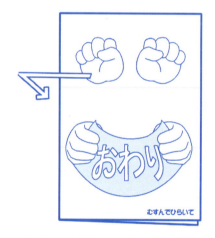

②真ん中の縦線から裏に折ります。ここはもう開きません。
（このままでも構いませんが、内側の角をのりか両面テープで貼り付けるといいです。）

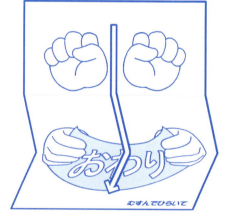

③図のようにジグザグに折ります。

④このようになります。

見せ方・遊び方

♪ むす
1. このように持ってスタートします。

♪ んで
2. 反対側を見せるため、このように持ち替えます。

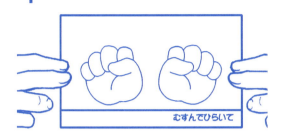

♪ ひらいて
3. 縦に回転させて、手のひらの絵を見せます。

♪ てを
4. 手のひらの絵をたたき合わせるようにします。

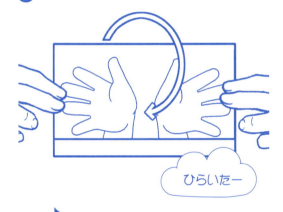

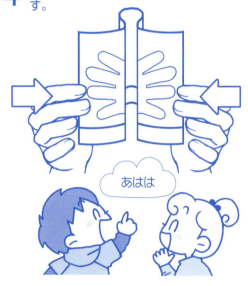

♪ うって
5. 元に戻します。

♪ むすんで
6. 縦に回転させて、こぶしの絵を見せます。3とは逆回転になります。

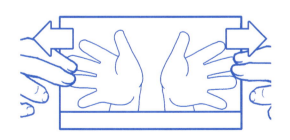

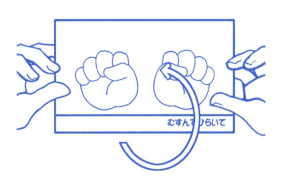

♪ **また　ひらいて**

7 元に戻すように回転させます。

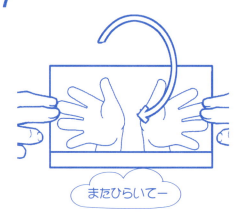

♪ **てを　うって**

8 絵の手をたたき合わせ、元に戻します。

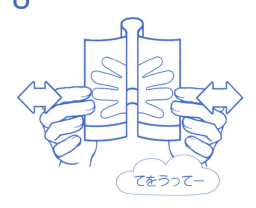

♪ **そのてを**

9 対角線の両角あたりを持ちます。

♪ **うえに**

10 上に引っぱり、全体を上に開きます。

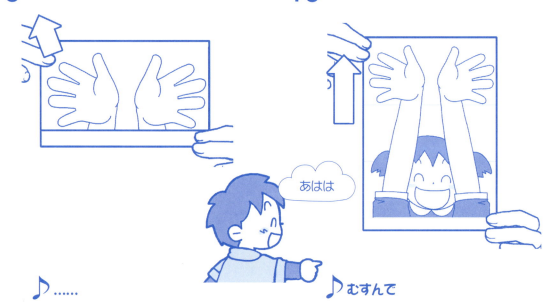

♪ **……**

11 紙を元に戻し……

♪ **むすんで**

12 ただちに回転させ、こぶしの絵を見せます。6と同じです。

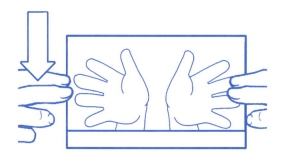
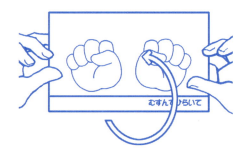

むすんでひらいて

♪ひらいて

13 元に戻すように回転させます。

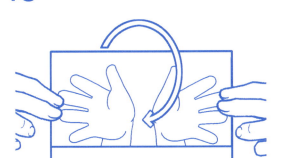

♪てを うって

14 絵の手をたたき合わせ、元に戻します。

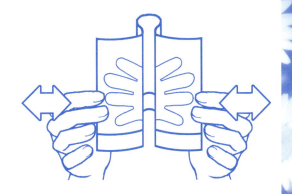

♪むすんで

15 相手側の紙を、下ろすように開きます。

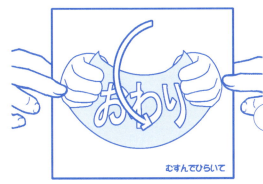

上手さUP

- テンポのある展開なので、紙も動かしやすいよう、折りを柔らかくしておきましょう。
- 最後の「おわり」を開く時は、少し間を取って注意を引きつけます。そして、ゆっくり開くと演技もやさしくなります。

むすんでひらいて

13 おもちゃのちゃちゃちゃ

予想外のにぎやかシアター

歌詞の通り、おもちゃが箱から飛び出して、また元の箱に収まるまでを演じます。
意外性、楽しさにあふれています。
面倒な後片づけも、スムーズにできそうですね。

作詞 野坂昭如　補作 吉岡治　作曲 越部信義

折り方・演技の準備　型紙85ページ

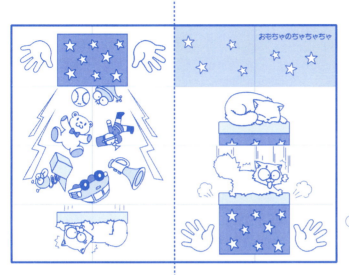

①図の向きに置きます。

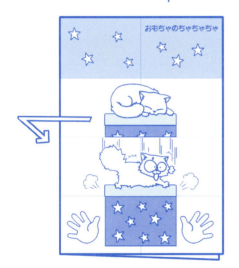

②真ん中の縦線から裏側に折ります。ここはもう開きません。
（このままでも構いませんが、内側の角をのりか両面テープで貼り付けるといいです。）

③図のように半分に折ります。

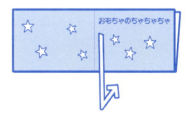

④もう1回半分に折ります。

⑤縦線から裏に折ります。

見せ方・遊び方

♪ おもちゃの チャチャチャ
　おもちゃの チャチャチャ
　チャチャチャ おもちゃの
　チャ チャ チャ

1 このように持ってスタートします。

♪ そらにきらきら おほしさま

2 図のように横に開きます。

おほしさまが広がった

♪ みんなスヤスヤ ねむるころ

3 手前の紙（夜空の絵以外の全て）を下に開きます。

ねてるー

4 手前から見た状態です。

♪ おもちゃは はこを

5 全体を縦に回転させ、反対面を見せます。

おや？

6 右手で角（図の位置）をつまみます。

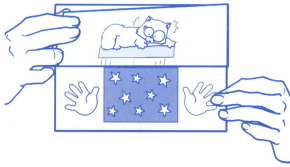

46

♪ とびだして

7 上に引っぱり、全体を広げます。おもちゃが飛び出しました。

わー、おもちゃが飛び出した！

♪ おどる おもちゃの

8 図のように持ち替えます。

♪ チャ チャ チャ おもちゃの
　チャチャチャ　おもちゃの
　チャチャチャ
　チャチャチャ　おもちゃの　チャ

9 歌の「チャチャチャ」に合わせて紙を閉じたり開いたりします。

♪ チャ

10 全体を見せます。

楽しさUP

- できるだけ大きな紙で作りましょう。
- 飛び出るおもちゃは色とりどりに、それ以外の物は控えめな色づかいにすると効果的です。

あはは、ネコさんもびっくり！

♪ チャ

11 上半分を折りたたみます。おもちゃ箱のフタが閉じられました。

おもちゃのちゃちゃちゃ

14 メリーさんのひつじ

見事な変化びっくりシアター

3匹の黒い羊が、一瞬で白くなります。
マジシャンになったつもりで演じましょう。

作詞　高田三九三　アメリカ曲

メリーさんの　ひつじ　めえめえ　ひつじ
メリーさんの　ひつじ　まっしろね

折り方・演技の準備　型紙86ページ

① 図の向きに置きます。

② 縦線を裏側に折ります。

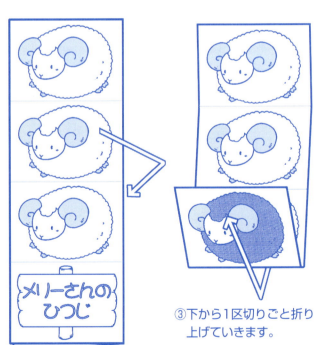

③ 下から1区切りごと折り上げていきます。

④同様に折り上げます。

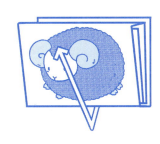
⑤ここまで折ります。

⑥いったん開きます。

メリーさんのひつじ

⑦手前に半分に折っておきます。

見せ方・遊び方

♪メリーさんの
1 このように持ってスタートします。

♪ひつじ
2 手前から上に開きます。

ひつじさんだ

3匹いるよー

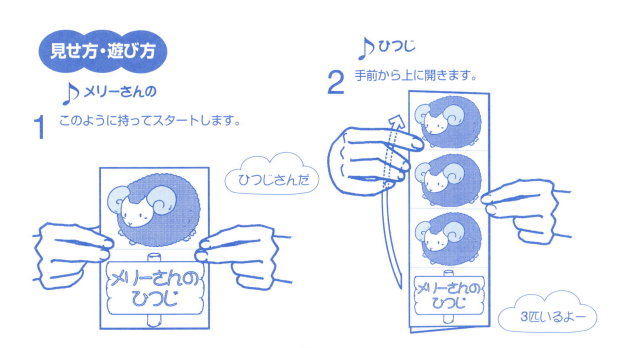

♪メェ

3 1番上の羊を手前に軽く折りたたみます。

♪メェ

4 次の折りたたみに備えて、図のように持ちます。

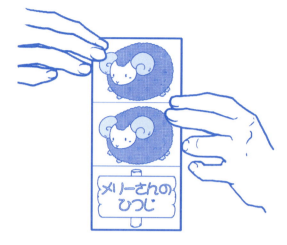

♪ひつじ

5 2番目の羊も手前に軽く折りたたみます。

♪メリー

6 次の折りたたみに備えて、図のように持ちます。

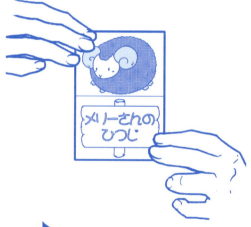

♪さんの

7 最後の羊も手前に軽く折りたたみます。

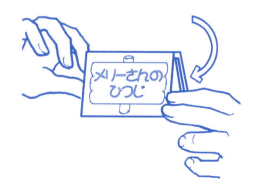

♪ひつじ

8 続けて、図のように持ちます。

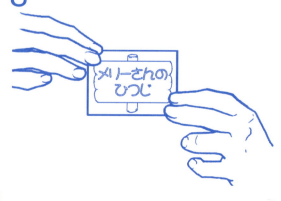

♪ まっしろ

9 全体を縦に回転させます。3からここまでは、同じような動きをテンポよく繰り返していく感じです。

♪ ね

10 右手で手前の紙の部分をつまみます。

11 折りたたまれた紙を振り下ろすように、一気に開きます。白い羊に変わったように見えます。

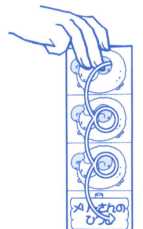

楽しさUP

● この作り方では、あえてのりなどで接着していません。
● 裏面全体にもう1コマ絵を描いておき、最後に大きなオチとして見せる方法もあるからです。羊が白くなった後、横向きに持ち換えます。後は最初の羊が見えないように裏面を開きます。裏面には大きな羊の絵とか、「はくしゅ」などの文字でもいいでしょう。楽しくなるようなオチをいろいろ考えてみて下さい。

上手さUP

● ゆっくりめに歌って、動きに余裕をもたせましょう。多少、歌と動きがずれても気にせず自分の間で行って下さい。何回かやっているうちにやりやすい間をつかめると思います。

＊参考までに『おり紙マジック ワンダーランド』（小社刊）には、「バースデイキャンドル」（p34)として別の楽しい作品があります。ぜひご覧になって下さい。

メリーさんのひつじ

15 はと

不思議たっぷりイリュージョンシアター

何もない公園に鳩が現れ、また飛び去ります。
お客さんの反応が楽しみな作品です。
演技者冥利につきること間違いなしです。

作詞・作曲者不詳

1. ぽっ ぽっ ぽ　　は と ぽっ ぽ
2. ぽっ ぽっ ぽ　　は と ぽっ ぽ

ま め が ほ し い か　そ ら や る ぞ
ま め は う ま い か　た べ た な ら

み ん な で　な か よ く　た べ に こ い
い ち ど に　そ こ ろ っ て　と べ ん で　け

折り方・演技の準備　型紙87ページ

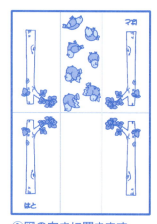

①図の向きに置きます。

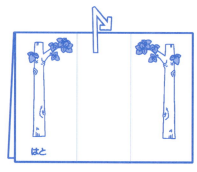

②真ん中から裏側に折ります。ここはもう開きません。
（このままでも構いませんが、内側の角をのりか両面テープで貼り付けるといいです。）

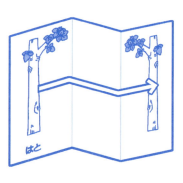

③図のようにジグザグに折ります。

見せ方・遊び方

♪ぽっぽっ

1 このように持ってスタートします。

♪ぽ

2 横に引っぱり、鳩がいない状態を見せます。1で裏表を間違えると鳩が出てしまうので気をつけて下さい。

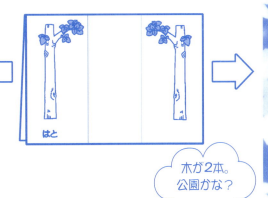

木が2本。公園かな？

♪はと

3 左手で左の部分を相手側に閉じるように折ります。

♪ぽっぽ

4 右手で右の部分を手前に閉じるように折ります。

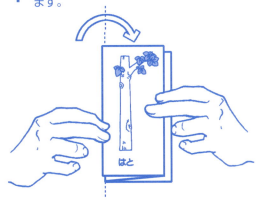

♪まめ

5 続けて右手で……

♪が

6 全体を横向きに反転させます。

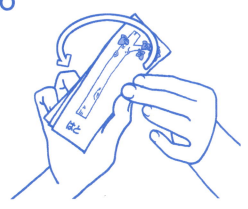

♪ ほし

7 図のように持ち、横に引っぱります。

♪ いか

8 鳩はいません。同じ面を見せているのですが、テンポよく行うと、両面を見せたように錯覚します。

何も
いないねー

♪ そら

9 左手で左の部分を相手側に閉じるように折ります。

♪ やるぞ

10 右手で右の部分を手前に閉じるように折ります。

♪ みんなで

11 右手でおまじない、もしくはエサを振りかける演技をします。

何が
起こるのかな

♪ なかよく

12 図のように持ち、横に引っぱります。

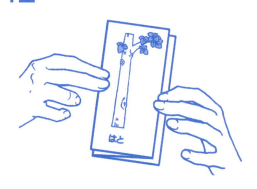

♪ たべにこい
13 鳩が現れました。1番の歌は終わりです。続けて2番の歌に入ります。

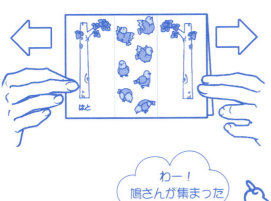

♪ ぽっぽっぽ　はと
14 左手で左の部分を相手側に閉じるように折ります。

わー！鳩さんが集まった

♪ ぽっぽ
15 右手で右の部分を手前に閉じるように折ります。

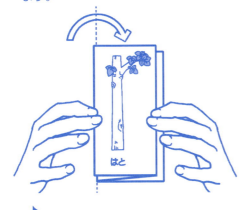

♪ まめ
16 続けて右手で……

♪ は
17 全体を横向きに反転させます。

♪ うまいか
18 図のように持ち、横に引っぱります。

♪たべたなら
19 反対面にも鳩が現れたように見えます。

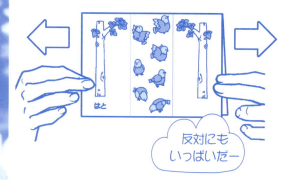

反対にも
いっぱいだー

♪いちどに
20 左手で左の部分を閉じるように折ります。

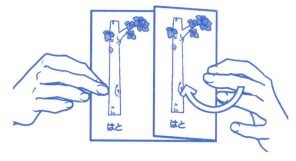

♪そろって
21 右手で右の部分を手前に閉じるように折ります。

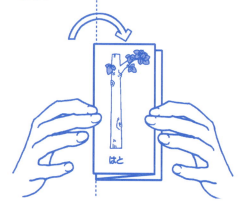

♪とんで
22 全体を振り、鳩が飛び立ったような音を演出します。

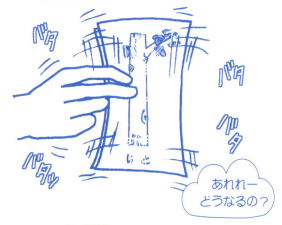

あれれー
どうなるの？

♪いけ
23 全体を横に開き、鳩が消えたことを見せます。

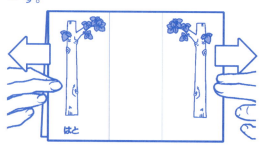

わー、すごいー！
やっぱり飛んでっちゃった

楽しさUP

- よどみない動きが錯覚を生みますので、動きに余裕ができるまで何度か練習しましょう。途中、歌と動きがずれても気にせず、最後に合えばいいぐらいの気持ちで行って下さい。仕掛けがないだけに練習は必要ですが、上手くできれば本当にマジックを手にした事になります。ぜひチャレンジしてみて下さい。
- もし、たどたどしくて錯覚が弱くても、歌に合わせて展開していくので楽しさは伝わります。そこが、ソングシアターのいい所ですね。

16 ぞうさん

かわいい、まぼろしシアター

ゾウの鼻が伸びては元通り。伸びたお鼻はどこへ消えたの？
同時にお母さんゾウが現れます。
微笑ましく、不思議な世界を演じてみましょう。

＊ここからは簡単な工作が入ります。折りだけで出来るのにくらべたら多少手間ですが、不思議な現象がパワーUPされます。しかも簡単なので、作ることも含めてぜひお楽しみ下さい。

作詞 まどみちお　作曲 團伊玖磨

ぞ　う　さん　　ぞ　う　さん　お　は　な　が　な　が　い　の　ね
そ　う　よ　　　か　あ　さん　も　な　が　い　の　よ

折り方と工作・演技の準備　型紙88、95ページ

＊型紙と切り抜き部品Aが必要です。共に巻末よりコピーしてご用意下さい。
　カッターと下に敷くマット、のりか両面テープも必要です。

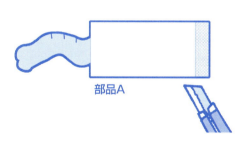

部品A

①部品Aをコピーして切り抜きます。
　（これは演技の時に曲げたりします。このままでもいいですが、裏一面に荷造り用の透明な梱包テープを貼っておくと補強になります。その場合、切り抜く前に裏貼りしてから切り取った方が楽です。）

切り込み
ぞうさん

②型紙にカッターで切り込みを入れます（細線が入っています）。

③図のようにジグザグに折ります。

④お母さんゾウがかくれました。

⑤上下の出ている部分を裏側に折ります。

⑥部品Aを用意して下さい。

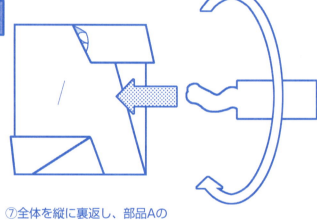

⑦全体を縦に裏返し、部品Aの先を切り込みに入れます。

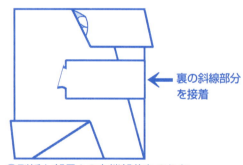

裏の斜線部分を接着

⑧型紙と部品Aの右端部分をのりか両面テープで接着します。

⑨表に返すとこうなっています。

⑩紙を横に広げると部品の鼻は引っ込み、紙の裏側に消えます。再びこの状態に戻す時は折りと共に、部品の鼻を⑧のように切り込みに入れて下さい。

ぞうさん

見せ方・遊び方

1 【直前の準備】手前から見た図です。このように持ちます。

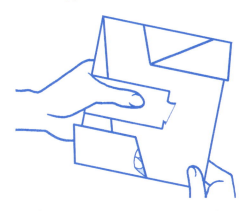

2 親指で鼻の部品を切り込みから外れない程度に引きつけておきます。

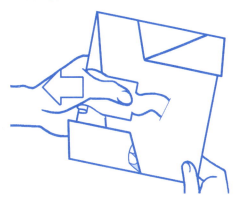

♪ ぞうさん　ぞうさん

3 正面から見た図です。この状態からスタートします。

♪ おはなが　ながいのね

4 引きつけた親指をゆっくり元に戻し、ゾウの鼻を伸ばしていきます。

あはは、お鼻がのびてきた

♪ そうよ

5 ……

♪ かあさんも　ながいのよ

6 矢印の方向に引っぱり全体を広げます。伸びた鼻が消え、お母さんゾウが現れます。

楽しさUP

- お母さんゾウと子どものゾウは何をしているように見えますか？
- 皆さんのイメージで2匹の間に絵をつけたしてみて下さい。ボール遊び？　あやとり？　本の読み聞かせ？

17 あかとんぼ

しっとり＆どっきりシアター

なつかしい情景に大事件発生？　夕焼け空にトンボが現れ、最後は一瞬で大きくなります。
おどろきと華やかさを味わえます。

作詞　三木露風　作曲　山田耕筰

ゆうやけこやけーの　あかとんぼ
おわれてみたのーはーいつのーひーか

折り方と工作・演技の準備　型紙89、95ページ

＊型紙と切り抜き部品Bが必要です。共に巻末よりコピーしてご用意下さい。
　カッターと下に敷くマット、のりか両面テープも必要です。

部品B

①部品Bをコピーして切り抜きます。
　（これは演技の時に曲げたりします。このままでもいいですが、裏一面に荷造り用の透明な梱包テープを貼っておくと補強になります。その場合、切り抜く前に裏貼りしてから切り取った方が楽です。）

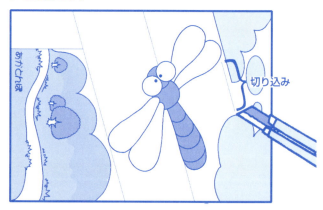

②型紙にカッターで切り込みを入れます（細線が入っています）。

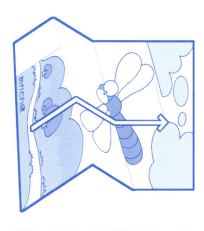

③図のようにジグザグに折ります。

④大きなトンボがかくれました。

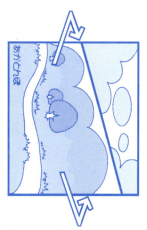

⑤上下の出ている部分を裏側に折ります。

部品B

⑥部品Bを用意して下さい。

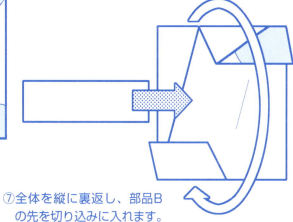

⑦全体を縦に裏返し、部品Bの先を切り込みに入れます。

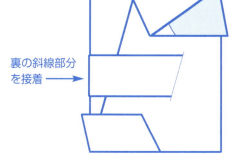

裏の斜線部分を接着 →

⑧型紙と部品Bの左端部分をのりか両面テープで接着します。

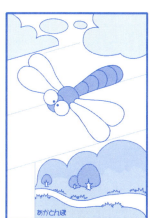

⑩紙を縦に広げると部品の小さいトンボは引っ込み、紙の裏側に消えます。
再びこの状態に戻す時は折りと共に、部品の小さいトンボを⑧のように切り込みに入れて下さい。

⑨表に返すとこうなっています。

見せ方・遊び方

1 【直前の準備】
図のように持ちます。

【手前から見た図】

2 親指でトンボの部品を切り込みから外れない程度に引きつけておきます。

【手前から見た図】

3 ♪ ゆうやけ

正面から見た図です。この状態からスタートします。

4 ♪ こやけの あかとんぼ

引きつけた親指をゆっくり元に戻し、トンボの絵を現していきます。

あー
トンボが現れた

5 ♪ おわれてみたのは

矢印の方向に引っぱります。

6 ♪ いつのひか

全体を広げます。小さなトンボが消え、大きなトンボが現れます。

うわー！
大きくなっちゃった

楽しさUP

● 大きいトンボが隠れる折り込みの部分に小さく切った紙切れを忍ばせておきます。すると最後、広げた時に紙吹雪が舞います。不思議さに華やかさが加わってお勧めです。（散った紙吹雪の後かたづけもお忘れなく）

18 切れ味ばつぐんビジュアルシアター
あがりめさがりめ

目が上がり、下がり、そして回り、最後はネコの顔に変化します。
かわいいオチの4変化を楽しみます。

わらべうた

あ が り め　　さ が り め
ぐるっと　まわって　ねこのめ

折り方と工作・演技の準備　型紙90、91ページ

＊型紙と切り抜き部品Cが必要です。共に巻末よりコピーしてご用意下さい。
　カッターと下に敷くマット、のりか両面テープも必要です。

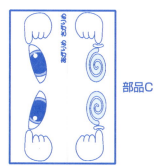

①部品Cをコピーして、外枠にそって切り抜きます。

部品C

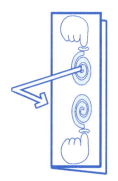

②部品Cを図のように折っておきます。

③型紙を用意します。

④図のようにジグザグに折ります。

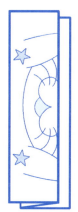

⑤こうなります。

あがりめさがりめ

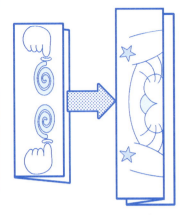

⑥部品Cと折った型紙を用意します。

このラインに合わせる

⑦図のように部品Cで型紙を挟み込むようにして合わせます。
上下の間隔は部品Cが中央になるようにします。
型紙の折りの部分と部品Cの右端がそろっているか確認します。
部品Cが長い場合は切りそろえて下さい。

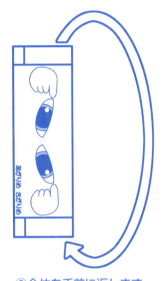

⑧全体を手前に返します。

⑨部品Cをめくり、型紙との接着面にのりか両面テープを付けます。幅は1センチ程度でかまいません。

⑩正面を向けた状態です。

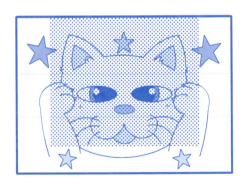

⑪型紙の対角線を持って広げると部品Cは裏に隠れます。元に戻すときは型紙Cで挟み込み、⑩のような状態にします。

見せ方・遊び方

♪ **あがりめ**

1 このように持ってスタート。

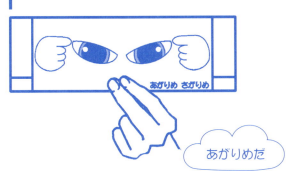

♪ **さがりめ**

2 上下を反転さます。

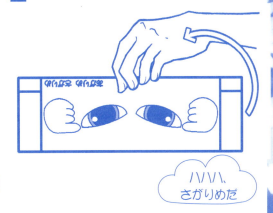

♪ **ぐるっと**

3 全体を縦に反転させるように、右手で図のように持ちます。

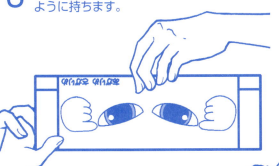

♪ **まわって ねこの**

4 反転させます。続けて斜めに引っぱり……

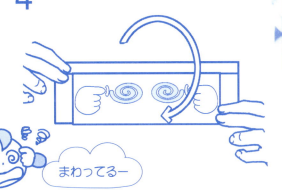

♪ **め**

5 全体を一気に広げます。ネコの顔に変化します。

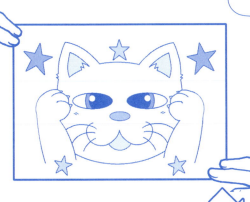

楽しさUP

● 型紙の絵には星がネコの周りに描かれています。この星の代わりにお好きなメッセージを書き入れてもいいですね。かなりの面積が隠れますので、ぜひこのエリアを利用してみて下さい。

19 きんぎょのひるね

予測不能の3コマシアター

意外な行動の楽しい金魚。
寝ている金魚にエサをあげると…すごいジャンプをします。

作詞　鹿島鳴秋　作曲　弘田龍太郎

あかい　べべきた　かわーいい　きんぎょ
おめめを　さませば　ごちそう　するーぞ

折り方と工作・演技の準備　型紙92、93ページ

＊型紙と切り抜き部品Dが必要です。共に巻末よりコピーしてご用意下さい。
　カッターと下に敷くマット、のりか両面テープも必要です。

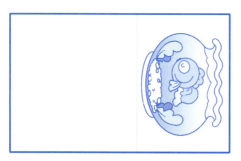

①部品Dをコピーして外枠にそって切り抜きます。

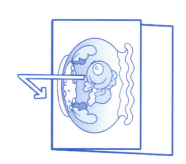

部品D

②部品Dを図のように折っておきます。

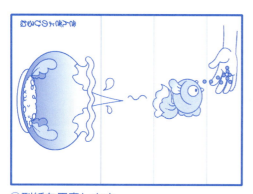

③型紙を用意します。

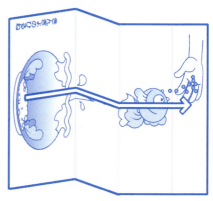

④図のようにジグザグに折ります。

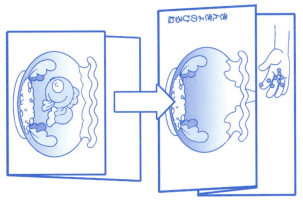

⑤部品Dと折った型紙を用意します。

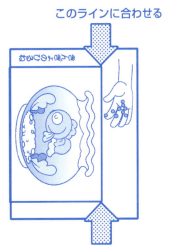

このラインに合わせる

⑥図のように部品Dで型紙を挟み込むようにして合わせます。
上下の間隔は部品Dが中央になるようにします。
型紙の折りの部分と部品Dの右端がそろっているか確認します。
部品Dが長い場合は切りそろえて下さい。

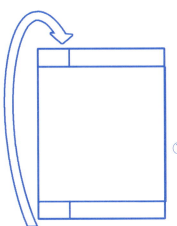

⑦全体を縦に返します。

⑩正面はこうなります。

⑧部品Dをめくり、型紙との接着面にのりか両面テープを付けます。幅は1センチ程度で構いません。

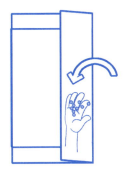

⑨接着したら、図のように右側を折ります。

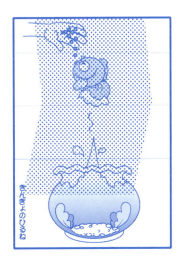

⑪型紙を全面広げると部品Dは裏にかくれます。
元に戻す時は型紙の折りと共に部品Dで挟み込み、⑩のような状態にします。

きんぎょのひるね

見せ方・遊び方

♪ **あかいべべきた　かわいいきんぎょ**

1　図のように持ってスタートします。

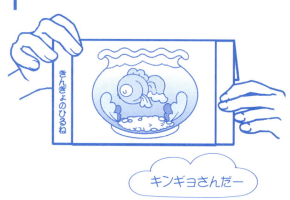

♪ **おめめをさませば**

2　図のように折りを開き、エサを落としている手の絵を現わします。

♪ **ごちそう**

3　右手を一気に引っぱり上げます。

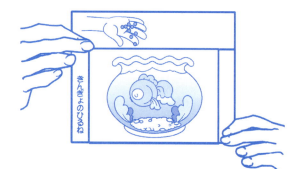

♪ **するぞ**

4　金魚が飛び上がった絵に変わります。

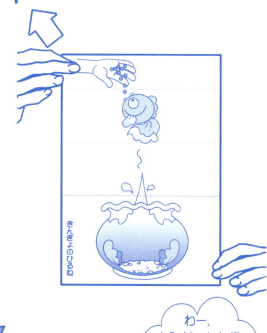

上手さUP

●紙が大きく広がりますので、あわてて広げると見ている人は何が起きたのか気付かない事があります。最後は歌に合わせるというよりも、歌い終えて間を取り、そして広げましょう。極端に言うと、歌の後「今から金魚がエサに飛びつきます！」と宣言してから広げてもいいでしょう。

20 しゃぼんだま

大好きふわふわシアター

シャボン玉が屋根まで上がり、瞬時に消えます。
大きなシャボン玉も、やっぱり消えてしまうんだね…。

作詞　野口雨情　作曲　中山晋平

しゃぼんだま とんだ やねまで とんだ
しゃぼんだま きえた とばずに きえた
やねまで とんで こわれて きえた
うまれて すぐに こわれて きえた
かぜかぜ ふくな しゃぼんだま とばそ

折り方と工作・演技の準備　型紙94ページ

＊型紙の一部を切り取り、それを部品Eとして使います。
　カッターと下に敷くマット、のりか両面テープも必要です。

しゃぼんだま

①型紙を用意します。

②図のように切り分けます。

③図の位置に切り込みを入れます。

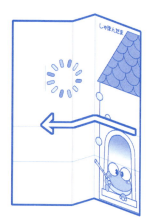
④図のようにジグザグに折ります。

⑤このようになります。

⑥図のようにジグザグに折ります。

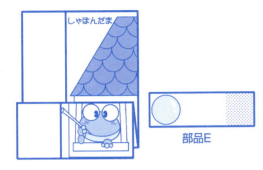

⑦部品Eを用意します。

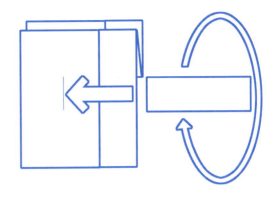

⑧全体を縦にひっくり返して、部品Eを型紙の切り込みに差し込みます。

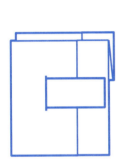

⑨部品Eと型紙の右端をそろえます。

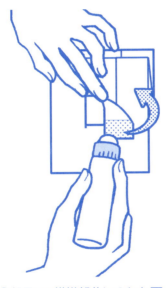

⑩部品Eの模様部分にのりか両面テープを付けて型紙と接着します。

⑪正面はこうなります。

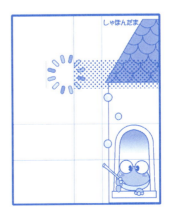

⑫型紙全体を広げると部品Eは裏側に消えます。
元に戻す時は型紙の折りと共に、部品Eを⑪のように切り込みに入れて下さい。

見せ方・遊び方

1 ♪しゃぼんだまとんだ
このように持ってスタートします。

2 ♪やねまでとんだ やねまでとんで
ゆっくりと紙を上に引っぱり上げます。

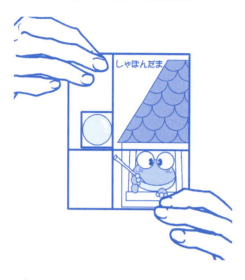

上に
とんでるー

3 ♪こわれてきえた
最後は横に広げます。大きなしゃぼん玉が消えたように見えます。

あれれ？
消えちゃった！
ふしぎー

楽しさUP

●もう2折り加えると最初の展開が1つ増えます。①シャボン玉が見えない状態からスタートし、②シャボン玉が現れ、③屋根まで上がり、④シャボン玉が消えるといった具合です。ぜひお試し下さい。

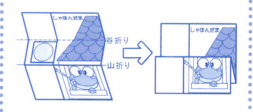

しゃぼんだま

1 はるがきた　型紙

2 ちょうちょう 型紙

5 あめふり 型紙

6 こいのぼり 型紙

こいのぼり

7 うらしまたろう　型紙

8 きんたろう　型紙

9 かたつむり 型紙

10 おしょうがつ 型紙

11 めだかのがっこう 型紙

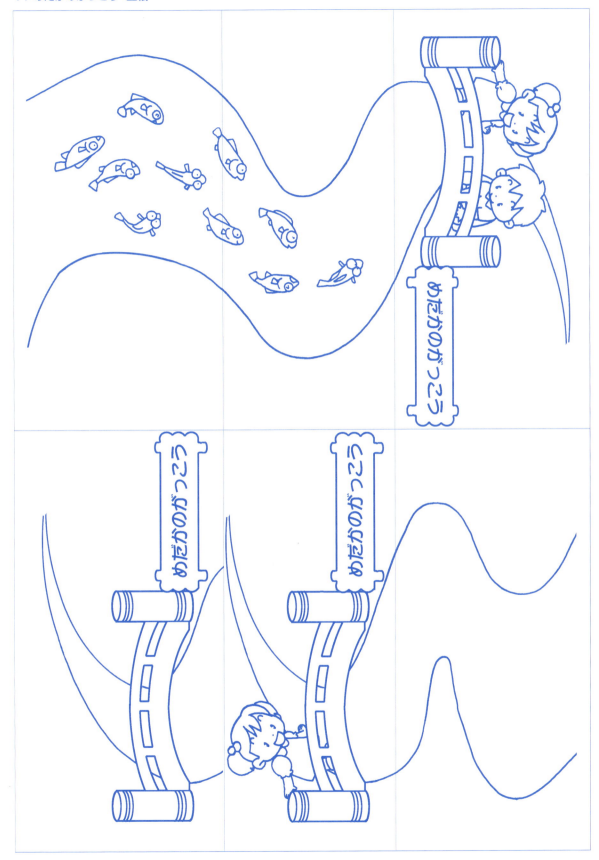

12 むすんでひらいて 型紙

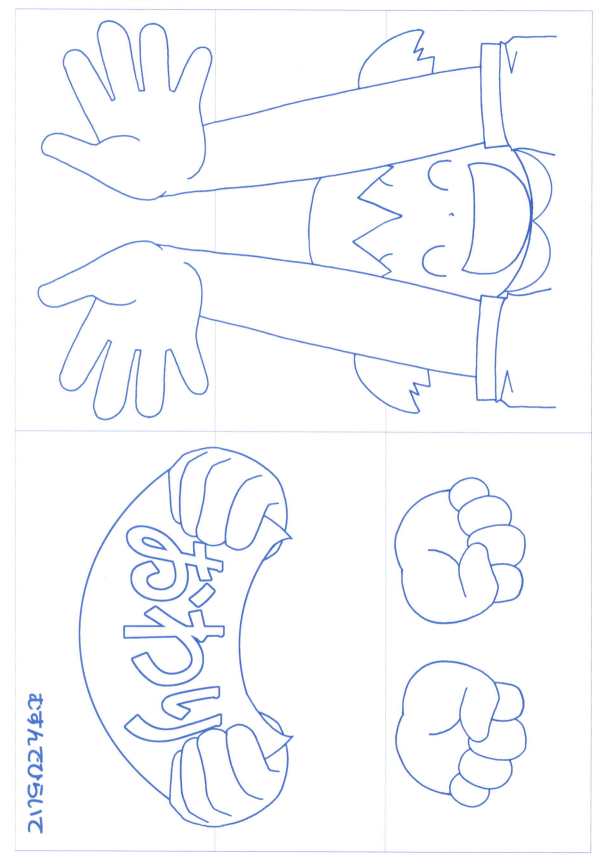

13 おもちゃのちゃちゃちゃ 型紙

14 メリーさんのひつじ　型紙

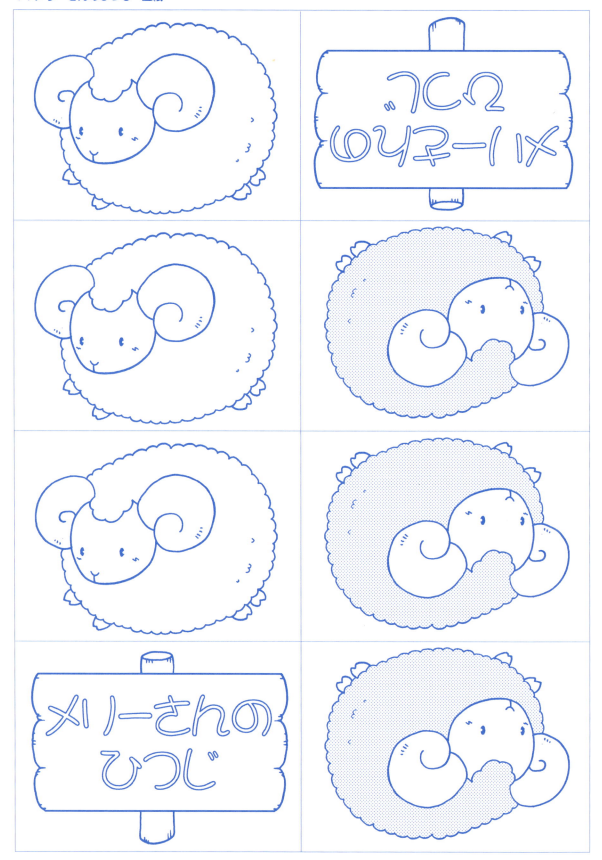

15 はと 型紙

16 ぞうさん 型紙

ぞうさん

17 あかとんぼ　型紙

18 あがりめさがりめ　型紙

18 あがりめさがりめ　部品C

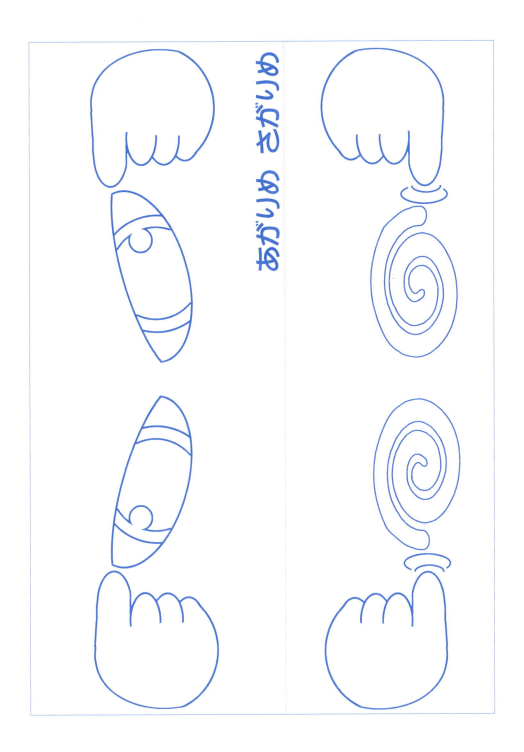

91

19 きんぎょのひるね　型紙

きんぎょのひるね

19 きんぎょのひるね　部品D

20 しゃぼんだま　型紙

16 ぞうさん　部品A　　　　　17 あかとんぼ　部品B

あとがき

「おり紙歌あそび　ソングシアター」は、いかがだったでしょうか？
単なるおり紙でもない、歌遊びでもない、紙芝居でもない、こんな世界があったの？と、いい意味でお感じになっていただければうれしいです。

私はマジックを創る仕事をしていますが、これは気持ちの上ではマジックのつもりです。不思議さが足りないのでは？とのお声をいただきそうですが…。
テーマの1つとして「楽しくて、ちょっと不思議で、心が1つになれるもの」があり、また夢でした。半分くらい？叶ったような気持ちです。

もう1つは本書が、お母さんでもお父さんでも、保育者でも先生でも、高齢者でも若者でも、人との豊かな関係を望む方々にとって、こっそりとお役に立てれば…これに勝る喜びはありません。

最後に、新しい取り組みなので多少不安を感じながらも、やはり童謡の素晴らしさをあらためて感じました。偉大な創作、それに関わる方々に心より感謝致します。

本書は2009年4月小社より刊行されたものの図書館版です。

 **PROFILE**

藤原邦恭(ふじわら くにやす)

小学生の時よりマジックを始め、中学ではオリジナルの開発を始める。1990年、プロマジッククリエイターとして始動。以降マジックや夢のある遊びを草案。マジックグッズや書籍を含め、TVや講演、国内外で藤原ワールドを展開中。

著書

『100円ショップでどきどきマジック』
『子どもと楽しむ10秒マジック』
『笑劇！教室でできる10秒マジック』
『かんたんクイック手品を100倍楽しむ本』
『おり紙マジック ワンダーランド』
『超ウケ キッズマジック(全3巻)』
『クリスマス・正月のハッピーマジック』
『高齢者と楽しむマジック』(以上、いかだ社)
『お誕生会を変える！保育きらきらマジック』(世界文化社) など多数

イラスト●桜木恵美
楽譜制作●泉辰則
編集●持丸恵美子
DTP●渡辺美知子デザイン室

[図書館版] おり紙歌あそび ソングシアター

2017年1月25日 第1刷発行

著者●藤原邦恭©
発行人●新沼光太郎
発行所●株式会社いかだ社
〒102-0072東京都千代田区飯田橋2-4-10加島ビル
Tel.03-3234-5365 Fax.03-3234-5308
E-mail info@ikadasha.jp
ホームページURL http://www.ikadasha.jp
振替・00130-2-572993
印刷・製本 株式会社ミツワ

日本音楽著作権協会(出)許諾第1615535-601号
乱丁・落丁の場合はお取り換えいたします。
ISBN978-4-87051-484-3
本書の内容を権利者の承諾なく、
営利目的で転載・複写・複製することを禁じます。